071974

Piñatas and
Paper Flowers

Piñatas y
flores de papel

LILA PERL

Piñatas and Paper Flowers

Holidays of the Americas in English and Spanish

Illustrated by Victoria de Larrea

CLARION BOOKS

TICKNOR & FIELDS: A HOUGHTON MIFFLIN COMPANY

NEW YORK

LILA PERL

Piñatas y flores de papel

*Fiestas de las Américas
en inglés y español*

Versión en español de Alma Flor Ada

CLARION BOOKS

TICKNOR & FIELDS: A HOUGHTON MIFFLIN COMPANY

NUEVA YORK

Clarion Books
Ticknor & Fields, a Houghton Mifflin Company
Text copyright © 1983 by Lila Perl
Spanish version by Alma Flor Ada
copyright © 1983 by Houghton Mifflin Company
Illustrations copyright © 1983 by Victoria de Larrea

Library of Congress Cataloging in Publication Data
Perl, Lila.
Piñatas and paper flowers.
Piñatas y flores de papel
Includes index.
Summary: Brief descriptions of several Hispanic holidays
as they are celebrated in North, Central, and South America.
1. Holidays—America—Juvenile literature.
2. Hispanic Americans—Folklore—Juvenile literature.
[1. Holidays. 2. Hispanic Americans.
3. Spanish language materials—Bilingual] I. Title.
GT4801.P47.   394.2′698   82-1211
ISBN 0-89919-112-6   AACR2
Paperback ISBN 0-89919-155-X

P 10 9 8 7 6 5 4 3 2 1

❧ Contents ❧

1

The New Year

Everybody loves something new—new shoes, a new toy, a newborn baby.

That's how people feel about the new year. We look forward to December 31, New Year's Eve. Right after that comes January 1, the first day of a brand-new year.

The month of January is named for the ancient Roman god, Janus. He watched over gates and doors. Janus had two faces. One was for looking backward. The other was for looking ahead.

Most of us prefer to look ahead. The beginning of the year seems a good time to make a fresh start. Some people, especially in the United States and Canada, make "New Year resolutions." They make promises to themselves that they will lose weight, stop smoking, study more, or save money.

People believe the new year is an important time to do something that will bring good luck for the whole year ahead. Spain was once the mother

1

El Año Nuevo

A todos nos gustan las cosas nuevas—los zapatos nuevos, los juguetes nuevos, los bebitos recién nacidos.

Y a todos nos gusta el nuevo año. Por eso esperamos que llegue el 31 de diciembre. Porque al día siguiente es el primero de enero, el primer día de un año nuevecito.

El mes de enero recibe su nombre del antiguo dios romano Jano. Era el dios que cuidaba las puertas y entradas. Tenía dos caras. Una era para mirar hacia atrás. La otra era para mirar hacia adelante.

La mayor parte de nosotros prefiere mirar hacia adelante. El principio del año parece un buen momento para un nuevo comienzo. Algunas personas, sobre todo en los Estados Unidos y en el Canadá, hacen "resoluciones de Año Nuevo". Se prometen que van a perder peso, dejar de fumar, estudiar más o ahorrar dinero.

country of many colonies in the Americas. It is a custom there to eat twelve grapes or twelve raisins for luck at the twelve strokes of midnight. Each stroke stands for one of the twelve months of the year. Many Latin American countries follow this custom.

Peas, rice, beans, eggs, jelly doughnuts, and pigs' ears are other foods eaten in various parts of the world to ensure good fortune. And many people believe it is lucky to carry money in your pocket on New Year's Day.

Like the Roman god Janus, we also look backward on December 31. In the English-speaking countries of the Americas, it's the custom on New Year's Eve to sing "Auld Lang Syne." The strange words of the song title are in Scottish dialect. They mean "old long since," or really "days gone by."

In Ecuador, in South America, there is another way of saying farewell to the old year. A scarecrow is stuffed with straw and dressed in tattered clothes to look like a very old man. He is called *Año Viejo* (AH-nyo vee-AY-ho), or "Old Year." At midnight the "old year" is burned and goes up in smoke.

La gente cree que el año nuevo es un buen momento para hacer algo que traerá suerte durante todo el año próximo. España fue la madre patria de muchas colonias en las Américas. En España se acostumbra comer doce uvas o doce pasas al compás de las campanadas que anuncian la medianoche. Cada campanada representa cada uno de los doce meses del año nuevo. Esta costumbre se ha conservado en muchos de los países hispanoamericanos.

En varios lugares del mundo se come guisantes, arroz, frijoles, huevos, rosquillas de jalea y orejas de puerco para asegurar la buena fortuna. Y muchas personas creen que da buena suerte llevar dinero en el bolsillo en el Día de Año Nuevo.

Igual que el dios romano Jano, nosotros también miramos atrás el 31 de diciembre. En los países de habla inglesa de las Américas se acostumbra a cantar la canción *"Auld Lang Syne"* el 31 de diciembre. Las palabras del título de esta canción están en dialecto escocés. Significan "los días del ayer".

En el Ecuador, en Suramérica, hay otro modo de decirle adiós al año viejo. Se hace un espantapájaros, relleno de paja y vestido con ropas ripiadas, para que parezca un viejo. Se le llama Año Viejo. Y a la medianoche se le prende fuego.

También es costumbre hacer mucho ruido en

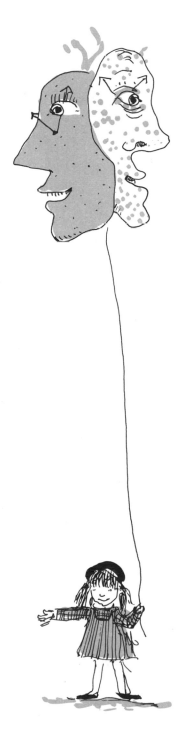

It is also the custom to make a lot of noise on New Year's Eve. In the Americas, and around the world, church bells ring out at twelve o'clock and firecrackers explode. People celebrate in the streets or at parties with horns, whistles, and other noise-makers.

Do we make noise because we are glad the old year is ending? Or because we are joyful that the new year is beginning? The answer probably is—a little of both. Sometimes the old year has not been especially lucky for us. Then we say that evil spirits

Año Nuevo. En las Américas, y en todo el mundo, a las doce de la noche repican las campanas de las iglesias y estallan cohetes. Las gentes celebran en las calles o en fiestas con cornetas, pitos y otros medios de hacer ruido.

¿Hacemos ruido porque nos alegramos de que se acabe el año viejo? ¿O porque nos alegramos que comience el nuevo? Probablemente un poco por ambas razones. Algunas veces, el año viejo no ha sido muy bueno para nosotros. Entonces decimos que los malos espíritus tienen la culpa. Y ¿qué

are to blame. What better way is there to chase away the devil than with a big, loud BANG!

In Mexico it is very popular to build a *castillo* (kahs-TEE-yo). This is a wooden framework shaped like a tall castle or tower. The *castillo* is strung with firecrackers. When the first firecracker is lit it sets off the next one. On and on the firecrackers explode with great bursts of deafening noise. Those who believe in evil spirits can almost see the demons scampering off in all directions, never to return.

There are also less noisy ways of getting ready for the new year. If you are strolling along the streets of Puerto Rico with the merrymakers when the bells ring out at midnight, watch out! Whoosh ... a bucket of water may be splashed across your path, or worse, over your head!

mejor manera de alejar a los malos espíritus que con un BUM fuerte y sonoro?

En México se acostumbra construir un "castillo", es decir, una estructura de madera como una torre alta. El castillo está cargado de cohetes. Cuando se enciende el primer cohete, le prende fuego al próximo y así sucesivamente. Los cohetes estallan con un ruido ensordecedor. Casi es posible ver a los malos espíritus del año viejo huir en todas direcciones, para no volver nunca jamás.

También hay otras maneras menos ruidosas de prepararse para el año nuevo. Si andas caminando por las calles de Puerto Rico con los que se están divirtiendo a la hora que las campanas repican a la medianoche, ¡ten cuidado! Ufff... pueden echar un balde de agua por donde vas a pasar, o peor te lo pueden echar encima.

Has someone been washing the floors so late at night? No, the children who live in the building above you are simply following a New Year tradition. It has long been a custom to rid the house of the evil spirits of the old year by flinging pails of water from balconies or windows.

How lucky this hasn't happened to you in icy cold New York or in snowy Chicago. In Puerto Rico it is warm at the new year. *Guajana* (gwa-HAH-na) flowers are blooming on the tall plants in the sugar cane fields.

New York, Los Angeles, Miami, Toronto, Mexico City, or San Juan, Puerto Rico—wherever you are in the Americas when the chimes strike at midnight . . . Happy New Year!

¿Es que alguien está lavando los pisos tan tarde por la noche? No, es que los niños que viven en el edificio junto al cual estás pasando están siguiendo una tradición de Año Nuevo. Según una vieja costumbre, esperan librar a la casa de los malos espíritus del año viejo echando baldes de agua por los balcones o ventanas.

Menos mal que esto no te ha pasado en el helado Nueva York, o en Chicago, cubierto de nieve. En Puerto Rico hace calor en Año Nuevo. Y las plantas de guajana florecen en los campos de caña.

En Nueva York, Los Angeles, Miami, Toronto, en la Ciudad de México o en San Juan de Puerto Rico, en cualquier lugar de las Américas en que estés cuando se oigan las campanadas de medianoche . . . ¡Feliz Año Nuevo!

2

Three Kings' Day

Christmas in January? How is that possible? Most Americans living in the United States and Canada will tell you Christmas is always celebrated on December 25. That is the day Jesus Christ is said to have been born, nearly two thousand years ago.

In the English-speaking countries of North America, most people take down the last of the Christmas decorations right after New Year's Day. Everyone goes back to school or work. In the northern cities the skies are gray and the weather is cold. Nobody thinks about getting or giving any more Christmas presents for a long, long time.

But there is a Christmas festival that takes place on January 6. In certain countries of Europe it is known as Little Christmas. In most of Spanish-speaking America it is called Three Kings' Day.

Puerto Rico welcomes this holiday by setting up tall, colorful figures of the Three Kings. The fig-

2

El Día de
los Reyes Magos

¿Navidad en enero? ¿Cómo es posible? La mayor parte de los habitantes de los Estados Unidos y del Canadá dirán que la Navidad siempre se celebra el 25 de diciembre. Ése es el día en que se dice que nació Jesucristo, hace cerca de dos mil años.

En los países de la América del Norte en los que se habla inglés, la mayor parte de las personas recoge las decoraciones de Navidad enseguida después del Año Nuevo. Todo el mundo regresa a la escuela o al trabajo. En las ciudades del norte el cielo está gris y hace mucho frío. Nadie piensa en dar o en recibir más regalos de Navidad por mucho, mucho tiempo.

Pero hay una festividad de Navidad que tiene lugar el 6 de enero. En algunos países de Europa se la conoce como la Pequeña Navidad. En la mayor

ures are dressed in rich robes and jeweled crowns. They are placed near the high stone walls of an old Spanish fortress in San Juan.

Who are the Three Kings and what is their story?

The Three Kings are named Melchior, Kaspar, and Balthasar. When Jesus was born, they came from the East on camels. They were following a star that was shining brightly in the sky. The star led them to Bethlehem and to the infant Jesus. He was only twelve days old. That is why Three Kings' Day is celebrated on January 6. It is exactly twelve days after Christmas. Still another name for this holiday is Twelfth Night.

parte de los países hispanoamericanos se la llama el Día de los Reyes Magos.

En Puerto Rico se le da la bienvenida a esta festividad colocando imágenes de los Tres Reyes Magos. Las figuras son altas y llenas de colorido. Están vestidas con ricos ropajes y llevan coronas con joyas. Se las coloca cerca de las altas paredes de piedra de una vieja fortaleza española en San Juan.

¿Quiénes son los Tres Reyes Magos y cuál es su historia?

Los Tres Reyes Magos se llaman Melchor, Gaspar y Baltasar. Cuando Jesús nació, vinieron desde el oriente en camellos. Venían siguiendo una estrella que brillaba en el cielo. La estrella los guió hasta Belén y el Niño Jesús. El Niñito tenía sólo doce días. Por eso el Día de Reyes se celebra el 6 de enero. Es exactamente doce días después de Navidad. Y por eso en algunos países se conoce este día como la Décimasegunda Noche.

The Three Kings are sometimes called the Three Wise Men or the Magi, meaning priests. They brought rich gifts to the baby Jesus whom they worshiped as the "newborn King."

Long ago, children in Spain and elsewhere in southern Europe began to think the Three Kings brought their Christmas gifts, too. That is how the custom of giving and receiving holiday presents in January came about.

Three Kings' Day is an important occasion in Mexico, Colombia, Venezuela, Argentina, and other places in Latin America that were once Spanish colonies. Mexican children leave their shoes on the window ledge or doorstep on the night of January 5. They also remember to leave something for the weary camels of the Three Kings. They set out a basin of water to drink and perhaps, as in Spain, some hay to eat.

In the morning the water and hay are gone. The children's shoes are filled with candies, fruits, and little toys. These are the same gifts a child might find in a stocking hung from the fireplace on Christmas Eve in the United States.

On the afternoon of Three Kings' Day, many families in Mexico, Argentina, and other countries of Latin America gather to eat Three Kings' Cake, or the "Cake of the Magi." This is no ordinary cake. It is shaped in a ring to look like a king's

Los Tres Reyes Magos le trajeron ricos regalos al Niño Jesús a quien adoraron como el "Rey recién nacido".

Hace mucho tiempo, los niños de España y otros países del Sur de Europa empezaron a creer que los Tres Reyes Magos les traían los regalos de Navidad. Y así nació la costumbre de dar y recibir regalos en enero.

El Día de Reyes es una ocasión muy importante en México, Colombia, Venezuela, Argentina y otros lugares de la América Latina que fueron colonias españolas. Los niños mexicanos dejan los zapatos en el alféizar de la ventana o en la puerta en la noche del 5 de enero. También le dejan algo a los cansados camellos de los Reyes Magos. Les dejan una vasija con agua o, quizá, como en España, un poco de hierba para que coman.

En la mañana, el agua y la hierba han desaparecido. Los zapatos de los niños están llenos de dulces, frutas y juguetitos. Son los mismos regalos que un niño puede encontrar en la media que deja colgada de la chimenea en Nochebuena en los Estados Unidos.

En la tarde del Día de Reyes, muchas familias de México, Argentina y otros países de la América Latina se reúnen a comer "Rosca de Reyes" o "Torta del Día de Reyes." Esta torta tiene forma de anillo para semejar una corona. Está cubierta de cerezas

crown. Its top is studded with jewel-like candied cherries and sparkling slivers of pineapple.

The Cake of the Magi is also unusual because it has surprises baked inside it. These could be shiny new coins, tiny dolls, or other small gifts. Some families have a special custom. The first grownup who receives a piece of cake with a gift inside it must make the party and serve the Cake of the Magi the following year.

Three Kings' Day has not become a holiday in the English-speaking parts of the Americas. But

confitadas que parecen piedras preciosas, y de brillantes rajas de piña.

La Torta de Reyes es también especial porque tiene sorpresas dentro. Las sorpresas pueden ser monedas nuevas y brillantes, muñequitos u otros regalos pequeños. Algunas familias celebran una costumbre especial: el primer adulto que recibe un trozo de torta con un regalo dentro tendrá que hacer una fiesta y servir Torta de Reyes el año próximo.

El Día de Reyes no se ha convertido en día de

the well-loved Christmas customs of the United States and Canada *have* traveled southward.

On Christmas Eve, many Latin American families try to have an evergreen tree strung with colored lights. Beneath the tree will be gaily wrapped presents from Santa Claus. Then, twelve days later, comes the festival of Three Kings' Day. So, very often, there are *two* Christmases and *two* sets of presents, one in December and one in January.

If your family celebrates Christmas as in English-speaking America *and* keeps the old Spanish holiday customs, you are lucky twice over!

fiesta en los lugares de habla inglesa de las Américas. Pero las tradiciones de Navidad de los Estados Unidos y del Canadá sí han viajado hacia el sur.

En el Día de Nochebuena, muchas familias latinoamericanas tratan de tener un arbolito de Navidad cubierto con luces de colores. Debajo del árbol habrá regalos de parte de Santa Claus envueltos en papeles de alegres colores. Luego, doce días después, viene el Día de los Reyes Magos. Así que muy a menudo hay *dos* Navidades y *dobles* regalos, en diciembre y en enero.

Si tu familia celebra la Navidad como en los países de habla inglesa de las Américas, y además mantiene las viejas tradiciones hispánicas, ¡eres doblemente afortunado!

3

Carnival and Easter

Celebrating the holiday of Carnival sounds like fun—and it is. For people in many parts of the western world, this is a time for parades of gaily decorated floats, fancy-dress balls, and masquerades. They wear the costumes of clowns, devils, kings, and queens, and sing and dance through the streets.

Two of the most famous Carnivals are in the Americas. One is the Carnival in Rio de Janeiro, Brazil—the only Portuguese-speaking country in South America. The other is the Mardi Gras in New Orleans, Louisiana. "Mardi Gras" is French and means "Fat Tuesday." This is the final and most joyous day of Carnival.

Some big Carnival celebrations start in January, soon after Three Kings' Day, and go on for weeks. The smaller ones usually take place for three days at the end of Carnival season, in February or March. But they are just as fun-filled.

3

Carnaval y Pascua Florida

Celebrar el Carnaval parece algo divertido... y lo es. En muchas partes del mundo occidental, ésta es una época de carrozas alegremente decoradas, bailes de disfraces y comparsas. La gente se disfraza de payasos, diablos, reyes y reinas, y cantan y bailan por las calles.

Dos de los carnavales más famosos se celebran en las Américas. Uno tiene lugar en Río de Janeiro, Brasil, el único país de lengua portuguesa en Suramérica. El otro es el Mardi Gras de Nueva Orleans, Luisiana. El nombre Mardi Gras es francés y significa "Martes Gordo". Éste es el último día y el más alegre del Carnaval.

Algunas de las grandes celebraciones de Carnaval comienzan en enero, poco después del Día de los Reyes Magos, y duran varias semanas. Las celebraciones más breves generalmente tienen lugar en los tres últimos días del tiempo de Carnaval, en febrero o marzo, pero son igualmente divertidas.

In Latin American countries such as Ecuador, Peru, and Colombia, it is a Carnival custom for children to fill emptied egg shells with colored water. To empty the shells, the children make a tiny hole at one end and carefully drain out the raw egg inside. It takes weeks and weeks to save up enough egg shells for Carnival. The shells are called *cascarones* (kahs-kah-RO-nays).

The delicate shells are filled with red, purple, green, or other brightly colored liquid. Then the tiny holes are sealed up with flour paste. Out into the streets the children go. Soon the *cascarones* are flying back and forth in make-believe battles. Everyone is streaked with colored water and speckled with bits of broken egg shell.

En algunos países hispanoamericanos como el Ecuador, el Perú y Colombia, es costumbre de Carnaval que los niños lleven cascarones de huevos con agua coloreada. Para vaciar los cascarones, los niños les perforan agujeros pequeñitos en los extremos y los vacían. Tardan semanas y semanas para reunir bastantes cascarones para Carnaval.

Los cascarones se llenan de agua coloreada de rojo, violeta, verde, o de otro líquido de color vivo. Luego se sellan las perforaciones con engrudo hecho de harina, y los niños salen a la calle. Al poco rato los cascarones vuelan en todas direcciones, en batallas simuladas. Todos quedan bañados con agua de color y salpicados de cáscara de huevo.

Sometimes the children make bigger holes in the shells. They fill the eggs with small bits of colored paper, called confetti, or with colored flour. If there are not enough egg shells, the confetti, flour, or water is put into balloons or paper bags. Then . . . look out! The balloons and bags may be dropped from balconies. Everyone is supposed to take this Carnival mischief in good spirit.

What does Carnival mean? What is the reason for all the merrymaking at Carnival time? The word Carnival comes from the Latin language. It means "goodbye to meat." In the beginning the Carnival crowds were really saying goodbye to revelry and rich eating before the start of Lent. Lent is a period of sorrow and fasting for Christians. It begins the day after Fat Tuesday and ends on Easter Sunday.

During Lent many people give up eating meats, fats, sweets, and other favorite foods. This is a sign that they are atoning for their sins. While Carnival lasts, and especially on Fat Tuesday, people usually eat rich foods. Buttery pancakes and crisp-fried doughnuts and fritters are popular in some countries.

A veces los niños les hacen agujeros mayores a los cascarones. Los llenan de confeti (papeles de colores cortados en trocitos pequeños o de harina de colores). Si no hay bastantes cascarones, se puede usar globos o cartuchos de papel que se llenan de confeti, de harina, o de agua. Entonces . . . ¡cuidado! Los globos y las bolsas de papel caen desde los balcones. Se espera que todos tomen estas travesuras de Carnaval con buen ánimo.

¿Qué significa Carnaval? ¿Cuál es la razón de toda esta diversión en Carnaval? La palabra Carnaval viene del latín. Significa "adiós a la carne". Cuando comenzó esta costumbre, los gentíos de Carnaval estaban realmente despidiéndose de la diversión y de las buenas comidas antes de que comenzara la Cuaresma. La Cuaresma es un período de penitencia y de ayuno para los cristianos. Comienza el día después del Martes de Carnaval y termina el Domingo de Pascua o Domingo de Resurrección.

Durante la Cuaresma muchas personas renuncian a comer carne, grasa, dulces y otras comidas favoritas. Esto es una indicación de que están arrepentidos de sus pecados. Mientras dura el Carnaval, especialmente el Martes de Carnaval, la gente come comidas ricas en grasa. En algunos países se acostumbra comer panqueques con mantequilla, rosquillas fritas y otras frituras.

Other names for Fat Tuesday are Pancake Tuesday and Shrove Tuesday. But whatever the day is called, it is a time for making merry and for gobbling up all sorts of delicious treats.

Lent is a sad time. It recalls the events that led up to the death of Jesus. On Ash Wednesday, the day after Fat Tuesday, many Christians go to church to have their foreheads smudged with ashes in the form of a cross. In most branches of the Christian religion, Lent lasts for forty days—not including Sundays.

The final week of Lent is known as Holy Week. In Spanish-speaking countries it is called *Semana Santa* (Say-MAH-na SAHN-ta). During that week there are slow, sorrowful processions in many cities of Spain and Latin America. Large, heavy platforms bear statues of Jesus, Mary, and the saints. The platforms are marched through the streets on the shoulders of the faithful.

In Antigua, and other cities of Guatemala, in Central America, there is an especially beautiful custom. Each night of Holy Week the people stay up late. They lay "carpets" along the route of the next day's procession. The carpets are made of colored sawdust sprinkled onto the ground through the cutouts in a stencil. Lovely patterns and flower designs are formed. They look like those of a richly woven wool carpet that is as long as a city street!

Otros nombres que se le da al Martes de Carnaval son Martes de Panqueques y Martes de Confesión. Pero sea cual sea el nombre que reciba, es una oportunidad de divertirse y de devorar todo tipo de golosinas.

La Cuaresma es una época triste. Recuerda los acontecimientos que llevaron a la muerte de Jesús. El Miércoles de Ceniza, el día después del Martes de Carnaval, muchos cristianos van a la iglesia a que les unten una cruz de ceniza en la frente. En la mayor parte de las sectas cristianas, la Cuaresma dura cuarenta días sin incluir los domingos.

La última semana de Cuaresma se conoce con el nombre de Semana Santa. Durante esta semana hay procesiones solemnes y dolorosas en muchas ciudades de España y de la América Latina. Se pasean por las calles imágenes de Jesús, de María y de santos, en pesadas andas llevados en hombros por los fieles.

En Antigua y otras ciudades de Guatemala, en América Central, hay una costumbre especialmente hermosa. Cada noche de Semana Santa la gente se queda levantada hasta muy tarde haciendo "alfombras" en la ruta que va a seguir la procesión del día siguiente. Las alfombras están hechas de aserrín de colores que se coloca utilizando patrones. Así se forman hermosos dibujos de flores y otros delicados diseños. Parece como si hubiera

All through the night the sawdust must be wetted down. If it dries and a wind comes along, all the sawdust particles will blow away.

Next day the holy procession marches the entire length of the carpet. Crowds of onlookers watch it pass. The carpet becomes a jumble of bits of sawdust, its beauty destroyed forever. But no one minds. The carpet has served the procession of Christ.

On Saturday, at the end of Holy Week, towns in Mexico and in other Latin American countries have a very noisy demonstration. The villagers make a figure of Judas Iscariot out of straw, rags, or papier-mâché—paper pulp that is stiffened with glue and molded into shape. Then they wire the figure with dozens of firecrackers.

una alfombra de lana ricamente tejida a todo lo largo de la calle.

Es necesario mantener húmedo el aserrín a lo largo de la noche. Si el aserrín se secara y soplara el viento, se dispersaría.

Al día siguiente la procesión marcha sobre la alfombra. Los espectadores la observan pasar. La alfombra se vuelve un reguero de aserrín; la belleza ha desaparecido para siempre. Pero a nadie le importa. La alfombra ha servido a la procesión de Cristo.

El Sábado de Gloria, al final de la Semana Santa, en los pueblos de México y de otros países latinoamericanos, hay una demostración muy ruidosa. Los habitantes del pueblo hacen una imagen que representa a Judas Iscariote. Está hecha de paja, de trapo, o de papel maché (Pulpa de papel endurecida con goma a la que se le da forma) que representa a Judas Iscariote. Luego atan docenas de cohetes a la imagen.

Judas was the false friend of Jesus. He handed Jesus over to his enemies for thirty pieces of silver. Jesus then died on the cross on Good Friday of Holy Week. The Mexicans string Judas up above the village square. Then they light a match to him.

Bang—BANG—B-A-N-G go the firecrackers. They tear Judas to tatters amid a blaze of fire, smoke, and noise. His remains are then lowered to the ground. They may be beaten and burned to the crackling and sputtering of more firecrackers.

Easter Sunday is the day on which Jesus Christ is believed to have risen from the grave. Many towns in Latin America and elsewhere have candlelight processions the midnight before, awaiting the miracle of Christ's rebirth. Easter morning is a time of joy. The day is celebrated with a village fiesta. There will be singing, dancing, feasting, and—yes—more firecrackers.

In the United States and Canada, Easter arrives at the same time as spring weather. We see new life in fields and forests, in city parks and gardens. Baby chicks and rabbits, Easter lilies, and painted eggs are Easter symbols of new life.

Tired of the drab coats and heavy boots of winter, people in the north buy new clothes. They

Judas era el falso amigo de Jesús. Entregó a Jesús a sus enemigos por treinta monedas de plata, y Jesús murió en la cruz el Viernes Santo. Los mexicanos cuelgan la imagen de Judas sobre la plaza del pueblo. Luego le acercan un fósforo.

¡BUM BUM BUM!—se disparan los cohetes. Destruyen a Judas en pedazos en medio de un estallido de fuego, humo y ruido. Sus restos se bajan al suelo. Allí pueden ser golpeados o quemados mientras los cohetes siguen estallando.

El Domingo de Pascua o Domingo de Resurrección es el día en el cual se cree que Jesucristo resucitó de la tumba. En muchos pueblos de Latinoamérica y en otras partes del mundo, se hacen procesiones en la medianoche antes de este día, esperando el milagro del renacimiento de Cristo. La mañana de Pascua es un momento de alegría. Se celebra el día con una fiesta en el pueblo; hay cantos, bailes, comidas y... —sí— más cohetes.

En los Estados Unidos y en el Canadá, el Domingo de Pascua llega al mismo tiempo que la primavera. Vemos nueva vida en los campos y en los bosques, y en los parques y jardines de las ciudades. Los pollitos y conejitos, los lirios de Pascua y los huevos pintados son símbolos de nueva vida propios de la Pascua Florida.

Cansados de los oscuros abrigos y de las pesadas botas del invierno, la gente del norte se compra

wear them in the Easter Parade on New York City's Fifth Avenue, or for holiday strolling and visiting anywhere.

On Easter Monday, there is a children's egg-rolling contest on the lawn of the White House in Washington, D.C. Everybody has fun. It's almost like Carnival time all over again. But not too many people know that the eggs being rolled down the grassy slopes were once thought of as symbols of the stone that mysteriously rolled away from the tomb of Jesus Christ when he rose from the dead.

ropa nueva. La usan en el Desfile de Pascua Florida en la Quinta Avenida de Nueva York, o para pasear e ir de visita, en cualquier lugar.

El lunes después de Pascua Florida, hay un concurso de rodar huevos en los jardines de la Casa Blanca en la ciudad de Washington. Todos se divierten. Es casi como si de nuevo fuera Carnaval. No mucha gente sabe, sin embargo, que los huevos que se echan a rodar por las laderas cubiertas de hierba en una época simbolizaban la piedra que misteriosamente se apartó de la tumba de Jesucristo cuando resucitara de entre los muertos.

4

St. John
the Baptist Day

In northern climates, after a snowy winter and a rainy spring, people begin to dream of the first days of hot, summery weather. They imagine themselves splashing in a cool, sparkling sea. If you live in the north you probably think how lucky are the people who live all year round on tropical islands. They can go swimming every day of the year.

Strangely enough, this was not always the case. Years ago, people who lived on the warm, sunny island of Puerto Rico, for example, often did not swim during the winter months. Some said it was dangerous and unhealthy to go into the sea during a month that had the letter "r" in its name. Many Puerto Ricans would not take their first dip in the ocean until June.

The people of Puerto Rico had their own special reason for this custom. They were waiting for the

4

El Día de
San Juan Bautista

En los lugares de clima frío, después de un invierno nevado y de una primavera lluviosa, la gente empieza a soñar con el primer día de calor de verano. Se imaginan lo que sería juguetear en el mar brillante y templado. Si tú vives en el norte, probablemente piensas que las gentes que viven todo el año en zonas tropicales son muy afortunadas. Pueden bañarse en el mar cada día del año.

Sin embargo, aunque parezca extraño, esto no ha sido siempre así. Hace años, quienes vivían en la isla cálida y soleada de Puerto Rico, por ejemplo, rara vez se bañaban en el mar en los meses de invierno. Algunas personas decían que era peligroso y poco saludable bañarse en el mar en los meses que tienen la letra "r" en su nombre. Muchos puertorriqueños no se daban el primer baño de mar hasta junio.

Los puertorriqueños tenían su propia razón

feast day of St. John the Baptist. This takes place on June 24. John the Baptist is believed to make all waters safe for bathing. In biblical times, he baptized many people, including Jesus, in the River Jordan. It is believed by many that when this holy man dipped people into the water, evil spirits left their bodies and all of their sins were washed away.

St. John the Baptist is especially important to Puerto Ricans. When Christopher Columbus discovered the island in 1493 he named it San Juan Bautista (Sahn Hwahn Bah-oo-TEE-sta) after this saint. Later, through a mix-up caused by a careless mapmaker, the capital city received the name of San Juan. The island itself became known as Puerto Rico, or "rich port."

On the eve of St. John the Baptist Day, many Puerto Rican families get together for a combination beach party and religious festival. Everyone brings something delicious to eat and drink. Often a crisp, crackling, suckling pig is roasted right on the beach. Somebody always brings a guitar and there is music for singing and dancing. Then, exactly on the stroke of midnight, everyone gets up and walks—backward—into the sea!

Some Puerto Ricans say that as you enter the

especial para esta costumbre. Estaban esperando el Día de San Juan Bautista, el 24 de junio. Se piensa que San Juan Bautista hizo que todas las aguas fueran saludables para bañarse en ellas. En los tiempos bíblicos, él bautizó a muchas personas, incluyendo a Jesús, en el río Jordán. Muchos creen que cuando este hombre santo sumergía a las personas en el agua, los malos espíritus abandonaban sus cuerpos y todos sus pecados quedaban perdonados.

San Juan Bautista tiene una importancia especial para los puertorriqueños. Cuando Cristóbal Colón descubrió la isla en 1493, la llamó San Juan Bautista en honor de este santo. Más tarde, a causa de una confusión creada por el descuido de un cartógrafo (una persona que hace mapas), la capital recibió el nombre de San Juan. Y la isla misma pasó a ser conocida como Puerto Rico.

La víspera del Día de San Juan Bautista, muchas familias puertorriqueñas se reúnen para una combinación de fiesta en la playa y festividad religiosa. Todos llevan algo delicioso para comer y beber. A menudo se asa un lechón, crujiente, en la misma playa. Siempre hay alguien que lleve una guitarra y hay música para cantar y bailar. Luego, exactamente a la medianoche, todos se levantan y caminan —de espaldas— hasta entrar en el mar.

Algunos puertorriqueños dicen que cuando una

water backward, the spirit of St. John gazes down
from heaven and rebaptizes you. You will then be
lucky and safe from evil all through the year to
come.

What about those people who live in the
mountains of Puerto Rico, at a distance from the
sea? Many of them, too, celebrate San Juan Bautista Day with feasting and fun. If they have a
neighbor who has a pool, they may take a midnight dip. Or perhaps they will slip into a mountain stream.

This is also the time of year when the *"caballitos"* (kah-bah-YEE-tohs) or traveling carousel
comes to town. Actually. *caballitos* means "little
horses," the painted wooden horses you ride on
the merry-go-round.

persona entra al agua de espaldas, el espíritu de San Juan la observa desde el cielo y la rebautiza. Y que por esa razón será afortunada y estará libre de todo mal durante todo el año.

¿Y los puertorriqueños que viven en las montañas, lejos del mar? Muchos de ellos también celebran la fiesta de San Juan con alegres festividades. Si su vecino tiene una piscina, quizá se den un baño a medianoche. O quizá se bañen en un arroyo en las montañas.

Ésta es también la época en que los "caballitos" o carruseles ambulantes llegan a los pueblos. El nombre caballitos proviene de los caballos de madera pintada en los que montan los niños.

Los puertorriqueños que se van de su isla nativa quizá no continúan las viejas costumbres. Pero al-

Puerto Ricans who move away from their island home may no longer follow the old customs. But sometimes a church or family group will arrange an outing. Its members will have a big picnic with a cookout at a nearby beach on San Juan Bautista Day. In New York City, many Puerto Ricans attend a special religious mass in Central Park. There is also a colorful fiesta with Puerto Rican music and food.

Everyone, of course, can enjoy the first day of summer. It arrives very close to San Juan Bautista Day. In the northern half of our planet, summer officially begins on June 21 or 22. There is often a holiday feeling at this time of year. The days are at their longest. Pools and beaches open for swimming and sunbathing. Schools close at last for the long summer vacation!

gunas veces una iglesia o un grupo familiar organiza un paseo. Sus miembros hacen un gran picnic y cocinan al aire libre en una playa cercana, el Día de San Juan. En la ciudad de Nueva York, muchos puertorriqueños asisten a una misa especial en el Parque Central. También se celebra una fiesta de gran colorido con música y comida puertorriqueñas.

Todos, por supuesto, pueden disfrutar el primer día de verano que llega muy cerca del Día de San Juan. En el hemisferio norte de nuestro planeta, el verano comienza oficialmente el 21 o 22 de junio. A menudo hay un sentimiento de fiesta en esta época del año. Los días son los más largos. Las piscinas y playas se abren para nadar y tomar el sol. Las escuelas se cierran—¡al fin!—para las largas vacaciones de verano.

✿ 5 ✿

Columbus Day

Where are you going, Christopher Columbus? Suppose you had asked the great sea captain that question when he first set sail from Spain in 1492.

He would have answered, of course, that he was sailing west across the Atlantic Ocean. He expected to reach the islands of Japan, then China, the East Indies, and finally India itself.

Clearly, Columbus had no idea that the earth was so large or that India was so far away. Nor did he suspect that America existed at all. Even when he landed in America, on the island of San Salvador in the Bahamas, he was sure that he was on one of the islands of the Indies. So, of course, he called the inhabitants Indians. That was on October 12, 1492.

A couple of weeks later Columbus's three ships entered a harbor in Cuba. The island was so big, Columbus thought it might be China! He left a

5

El Día de la Raza

¿Adónde vas, Cristóbal Colón? Supongamos que le hubieras hecho esa pregunta al gran capitán cuando salió de España por primera vez en 1492.

Él te hubiera contestado, por supuesto, que estaba navegando hacia el oeste a través del Océano Atlántico. Él esperaba llegar a las islas del Japón, luego a la China, a las Indias Orientales y finalmente a la India misma.

No cabe duda que Colón no tenía idea de que la Tierra era tan grande o que la India estaba tan lejos. Ni sospechaba que existiera América. Aun después de desembarcar en América, en la isla de San Salvador, en las Bahamas, estaba seguro de que se encontraba en una de las islas de las Indias. Por eso llamó a los habitantes "indios". Esto fue el 12 de octubre de 1492.

Un par de semanas más tarde, los tres barcos de Colón entraron en un puerto en Cuba. La isla era

small settlement behind on the neighboring island of Hispaniola and sailed home to Spain.

Columbus sailed to the New World three more times. He discovered many islands of the *West Indies*, as they are now called, including Puerto Rico. He also touched on Venezuela in South America and Panama in Central America. He knew by now that he was not in the Far East. He searched for a water route to take his ships through the narrow land strip of Central America into the Pacific Ocean. Then he would be able to sail on to the real China.

But of course no such waterway existed in 1502. The Panama Canal was not built until 1914. Columbus was more than four hundred years too early!

Like most people with great hopes and ambitions, Columbus had many disappointments. It was too bad that he never realized how important he was in bringing the language and customs of Spain to America.

Although Columbus was born in Genoa, a city in Italy, he sailed under the flag of Spain. Its

tan grande que Colón pensó que podría ser la China. Dejó un pequeño grupo de colonizadores en la isla vecina, la Española, y navegó de regreso a España.

Colón hizo tres viajes más al Nuevo Mundo. Descubrió muchas islas de las Indias *Occidentales,* como ahora se las llama, incluyendo a Puerto Rico. También tocó Venezuela en Suramérica y Panamá en Centroamérica. Ya sabía entonces que no estaba en el Lejano Oriente. Trató de encontrar una ruta que permitiera pasar a sus barcos por la estrecha faja de tierra de Centroamérica hasta el Océano Pacífico, para así poder navegar hasta la China verdadera.

Pero, por supuesto, en 1502 no existía tal posibilidad. El Canal de Panamá no se acabó de construir hasta 1914. ¡Colón se adelantó más de cuatrocientos años!

Como les pasa a la mayoría de los que tienen grandes esperanzas y proyectos, Colón tuvo muchos desencantos. Es una pena que él nunca pudo apreciar el importante papel que jugó al traer a América la lengua y las costumbres de España.

Aunque Colón nació en Génova, una ciudad de Italia, navegó bajo la bandera española. La reina Isabel de España consiguió el dinero para sus viajes. La mayor parte de las tierras que Colón descubrió fueron colonizadas por los españoles.

queen, Isabella, raised the money for his voyages. Most of the lands Columbus discovered were settled by Spanish people.

The Spanish intermarried with the Indians to create a new race, or *raza* (RAH-sa). A little later blacks from Africa were brought to the New World. They intermarried with both the Indians *and* the Spanish. The new race was further developed.

For this reason, October 12, which English-speaking Americas call Columbus Day, is known as *El Día de la Raza* (El DEE-a day la RAH-sa), The Day of the Race, in many parts of Spanish-speaking America.

In Mexico, *El Día de la Raza* is celebrated with colorful parades and fiestas. There is music, dancing, feasting, and fireworks. In Puerto Rico, there is always a special ceremony for Columbus Day. Bands play and speeches are given at the Plaza de Colón in Old San Juan. Cristóbal Colón (Kree-STO-bal Ko-LOHN) is the Spanish way of saying

Los españoles y los indios se casaron y crearon una nueva raza. Poco después se trajeron al Nuevo Mundo personas de Africa. Los descendientes de africanos, indios, y españoles se casaron. Así la nueva raza se desarrolló más aún.

Por esta razón, el 12 de octubre, que en los Estados Unidos se llama *Columbus Day* (el Día de Colón), en Hispanoamérica se llama el Día de la Raza.

En México, el Día de la Raza se celebra con fiestas y desfiles de gran colorido. Hay música, bailes, comida y fuegos artificiales. En Puerto Rico, hay una ceremonia especial ese día. En la Plaza de Colón en el Viejo San Juan, las bandas tocan y se pronuncian discursos. En el centro de la Plaza de

Christopher Columbus. In the center of the Plaza de Colón there is a tall statue of the discoverer of America.

Puerto Ricans are particularly proud because Columbus landed briefly on Puerto Rico itself during his second voyage to America. This event took place on November 19, 1493. On that day each year, the island celebrates its own special festival. It is called Discovery Day. Schools and government offices are closed. Businesses shut down at noon. Families and friends gather for parties and outings.

Although Columbus never set foot on the mainland of North America, Columbus Day is a legal holiday in the United States. Most cities have parades. Often there are many Italian-American marchers. After all, Columbus was born in Italy.

Colón hay una alta estatua del Descubridor de América.

Los puertorriqueños se sienten particularmente orgullosos porque Colón desembarcó brevemente en Puerto Rico en su segundo viaje a América. Este evento ocurrió el 19 de noviembre de 1493. Ese día, cada año, se celebra una festividad especial en la isla. Se le llama el Día del Descubrimiento. Las escuelas y las oficinas del estado cierran. Los negocios cierran al mediodía. Los familiares y amigos se reúnen para celebrar fiestas y paseos.

Aunque Colón nunca descubrió tierra en el continente de Norteamérica, el Día de Colón es un día de fiesta legal en los Estados Unidos. En la mayoría de las ciudades hay desfiles. A menudo muchos de los que desfilan son italo-americanos. Después de todo, Colón nació en Italia.

You can find hundreds of places in the Americas that have been named for Columbus. Some people feel that America itself should have been named "Columbia," for the man who discovered it. Instead it was named after Amerigo Vespucci. He explored the east coast of South America in 1497.

Of course the capital of the United States, Washington, D.C.—or the District of Columbia—is named for Columbus. So are many cities in the various states. They have names like Columbus, Columbia, and even Columbiana.

In Spanish-speaking America, the city of Colón in Panama is just one of dozens that bear the name of Columbus. And South America has an entire country—Colombia—which takes its name from his.

Everywhere in both Americas, rivers, streets, plazas, circles, parks, and buildings recall Christopher Columbus. He fearlessly went in search of a sea route to the Indies and instead discovered a brand-new world.

En las Américas hay cientos de lugares que han recibido sus nombres en honor de Colón. En inglés el nombre de Colón es Christopher Columbus. Algunas personas piensan que América misma debió haberse llamado "Colombia" en honor del hombre que la descubrió. En cambio recibió su nombre en honor de Américo Vespucci. Vespucci exploró la costa este de Suramérica en 1497.

Por supuesto, la capital de los Estados Unidos, Washington, D.C., o Distrito de Columbia, recibió su nombre en honor de Colón. Lo mismo ocurre con muchas ciudades de distintos estados que tienen nombres como Columbus, Columbia, e incluso Columbiana.

En Hispanoamérica, la ciudad de Colón en Panamá es una de las varias docenas de ciudades que llevan el nombre de Colón. Y en Suramérica hay un país entero, Colombia, que recibió su nombre en honor del Descubridor.

En todas partes, en ambas Américas, hay ríos, calles, plazas, rotondas, parques y edificios que recuerdan a Cristóbal Colón. Colón zarpó valientemente en busca de una nueva ruta marítima a las Indias y, en cambio, descubrió todo un nuevo mundo.

6

Halloween

A special holiday for the dead—does that seem strange? Perhaps not. There are so many holidays for the living, why not set aside a day to remember those who have died?

Many ancient peoples believed that on certain nights of the year the spirits of the dead went wandering. One such people were the Taino Indians. They lived on the island of Puerto Rico long before the Spanish arrived. The Indians thought the hungry souls of the dead might return to the family hut. For this reason they used to set out food offerings at night.

Before northern Europe became Christian, people believed that every autumn there came a night of howling wind and frightening happenings. Witches rode the air, skeletons rattled their bones, and ghosts appeared out of the swirling mists.

The Christian religion has set aside a special day

6

La Víspera de Todos los Santos

Un día de fiesta especial para los muertos... ¿Parece algo extraño? Quizá no. Hay muchos días de fiesta para los vivos. ¿Por qué no asignar un día para recordar a los muertos?

Muchos pueblos antiguos creían que en ciertas noches del año los espíritus de los muertos andaban vagando. Uno de estos pueblos fue el de los indios taínos. Los taínos vivían en la isla de Puerto Rico antes de que llegaran los españoles. Los taínos pensaban que las almas hambrientas de los muertos podían regresar a la casa familiar. Por esta razón acostumbraban dejar por la noche ofrendas de comida afuera de la casa.

Antes de que el norte de Europa se volviera cristiano, las gentes creían que cada otoño había una noche en que el viento aullaba y en la cual ocurrían hechos que causaban temor. Las brujas volaban por el aire, los esqueletos hacían sonar sus huesos, y los

to honor all those saints who do not have name days of their own. It is November 1, and it is called All Saints' Day. In Europe, the night of the ghosts and witches was combined with the Christian holy day. Because that night fell on October 31, people called it Halloween. This means "hallowed evening" or "holy eve."

Roman Catholic Christians have another holy day at this time of year. November 2 is All Souls' Day. It is a time to pray for all those souls of the dead that have not yet found a resting place.

Today's Halloween customs in English-speaking America—mainly the United States and Canada—had their beginnings in England, Scotland, and Ireland long, long ago.

The snarling black Halloween cats with arched backs are said to have once been human beings who were punished for their evil deeds. The grinning jack-o'-lantern carved from a harvest pump-

fantasmas aparecían entre brumas que giraban.

La religión cristiana ha designado un día especial para honrar a todos los santos que no tienen un día de fiesta propio. Es el día primero de noviembre, y se llama el Día de Todos los Santos. En Europa la noche de duendes y brujas se combinó con la festividad cristiana. Como esa noche era el 31 de octubre, la llamaron la Víspera de Todos los Santos. En inglés "hallowed evening" o "holy eve" (víspera santa), que dio origen al nombre *Halloween.*

Los católicos tienen otro día de fiesta en esta época del año. El día 2 de noviembre es el Día de los Fieles Difuntos. Es un día dedicado a rezar por todas las almas de los difuntos que todavía no han encontrado un lugar de descanso.

Las tradiciones actuales de la Víspera de Todos los Santos en los países de habla inglesa de América, especialmente en los Estados Unidos y el Canadá, tuvieron su origen en Inglaterra, Escocia e Irlanda hace mucho, mucho tiempo.

Se dice que los gatos negros, de lomo arqueado y erizado, fueron seres humanos que han sido castigados por sus malas acciones. Las linternas hechas con calabazas ahuecadas a las que se les talla una cara sonriente se llaman en inglés *jack-o'-lanterns.* Se dice que representan la cabeza de un hombre llamado Jack. Era tan malo que no pudo entrar ni

kin is said to be the head of a man named Jack. He was so mean he could not enter heaven or hell, but had to walk the earth forever.

On Halloween, people often go to parties at which fortunes are read and ghost stories are told. Children may dress up in the costumes and masks of witches, goblins, or skeletons and go trick-or-treating. They ring doorbells and ask for candy, apples, or coins. If they do not receive a treat, they may play a trick.

Some Halloween tricks are messy and annoying. Children may slap at sidewalks or front doors with socks filled with flour. They may smear windows and parked cars with shaving cream or soap. But other tricks may permanently damage property and even harm people.

al cielo ni al infierno y tiene que quedarse deambulando por la tierra para siempre.

En la Víspera de Todos los Santos, la gente va a menudo a fiestas en las cuales se dice la buena fortuna y se cuentan historias de fantasmas. Los niños pueden disfrazarse como brujas, duendes o esqueletos. Salen a tocar las puertas de las casas y piden caramelos, manzanas o monedas. Si no los reciben, entonces pueden jugar una jugarreta o diablura.

Algunas de las diabluras que se hacen en esta fiesta son desagradables. Los niños pueden golpear las aceras o puertas con medias llenas de harina. Pueden embarrar las ventanas o los carros con crema de afeitar o con jabón. Pero algunas jugarretas pueden dañar propiedades permanentemente e inclusive hacer daño a las personas.

In the Spanish-speaking countries of the Americas, people don't think of the dead as evil spirits. Instead of children going trick-or-treating on Halloween, whole families visit the cemetery on November 1 and 2. They dress in holiday clothing and bring food and flowers to the graves of their loved ones. They spend the day having a pleasant family picnic.

Marigolds, the "flowers of the dead," are laid on graves, as are large paper flowers in bright colors—pink, orange, crimson. Candles are lit and incense may be burned. Special dishes are brought to the cemetery in honor of All Saints' Day and All Souls' Day.

In Ecuador, in South America, people prepare roasted guinea hen, corn, and peas. They also bake small breads in the form of mummies or other figurines. They place the food on the graves and "share" it with the dead. In Guatemala, in Central

En los países hispanohablantes la gente no piensa en los muertos como malos espíritus. En lugar de que los niños vayan de casa en casa pidiendo dulces y caramelos, las familias visitan el cementerio el primero y el dos de noviembre. Se visten con sus mejores ropas y llevan flores y comida a las tumbas de sus seres queridos. Pasan el día en un agradable picnic familiar.

En las tumbas se colocan "flores de muerto", así como grandes flores de papel en colores brillantes — rosado, anaranjado, rojo. Se encienden velas y se quema incienso. Se llevan al cementerio comidas y dulces especiales, propios del Día de Todos los Santos y del Día de los Fieles Difuntos.

En el Ecuador, en la América del Sur, se preparan perdices asadas, maíz y guisantes. También se hornean pequeños panes en forma de momias u otras figuras. La comida se coloca en la tumba y se "comparte" con los difuntos. En Guatemala, en la

America, a special dish called *fiambre* (fee-AHM-bray) is fixed for All Saints' Day. *Fiambre* is a kind of cold salad made with rice, vinegar, vegetables, meat, chicken, and fish.

Mexicans make special cakes and confections for the holiday. *Pan de muerto* (pahn day MWAIR-toh), or "bread of the dead," is a round plain cake covered with icing or sugar crystals in the form of a skull and crossbones. Sweets shaped like small skulls are also eaten on the Day of the Dead. They are made of white sugar and decorated with pink and blue frosting.

One town in Guatemala has an unusual way of celebrating All Saints' Day. The people construct huge round kites which they bring to the cemetery. By early afternoon, high winds begin to blow

América Central, el Día de Todos los Santos se prepara un plato especial llamado "fiambre". El fiambre es una especie de ensalada fría hecha con arroz, vinagre, vegetales, carne, pollo y pescado.

Los mexicanos hacen tortas y dulces especiales para esta fiesta. El pan de muerto es una torta sencilla con calaveras y huesos cruzados hechos de azúcar. En el Día de los Fieles Difuntos también se comen calaveritas de dulce. Las calaveritas están hechas de azúcar blanca y decoradas en rosado y azul.

Un pueblo de Guatemala tiene un modo peculiar de celebrar el Día de Todos los Santos. La gente fabrica enormes cometas o papalotes redondos que llevan al cementerio. A media tarde empieza a soplar el viento en este pueblecito mon-

around this mountain village. Soon the richly colored kites, made of bamboo and tissue paper and adorned with flags, are soaring toward the scudding clouds and the sun. All afternoon, until the wind dies, the kiteflyers leap among the gravestones rolling and unrolling their balls of twine.

Do the kites carry messages from the dead to the spirits in the sky? Is flying the kites a form of sun worship, as practiced by the ancient Indian peoples of the Americas? No one really knows. Like most customs having to do with the holiday of the dead, this one seems to be a blend of old folkways and the Christian religion.

What these customs seem to tell us is that no matter how much we may learn about the world around us, we will always be curious about the mystery of death.

tañoso. Pronto las cometas o barriletes de brillantes colores, hechas de cañas de bambú y papel
de seda, y adornadas con banderas, empiezan a
subir hacia las nubes tenues que corren velozmente
y hacia el sol. Toda la tarde, mientras dura el
viento, los que vuelan las cometas caminan entre
las tumbas enrollando y desenrollando sus bolas de
cordel.

¿Llevan las cometas mensajes de los muertos a
los espíritus del cielo? ¿Es volar las cometas un tipo
de culto al sol coma practicado por los antiguos pueblos indios de las Américas? Nadie lo
sabe realmente. Como sucede con la mayoría de las
costumbres de las fiestas de los muertos, parece ser
una mezcla de antiguas tradiciones y de la religión
cristiana.

Lo que estas costumbres parecen decirnos es que
no importa cuánto aprendamos sobre el mundo
alrededor nuestro, siempre sentiremos curiosidad
frente a la muerte.

7

The Festival of the Sun

Often, in Latin America, people worship ancient Indian gods and Christian saints on the same day. In Guatemala, in Central America, one such day is December 21.

For those who live in the northern half of the world, December 21 (or sometimes the twenty-second) is the first day of winter. It is also the shortest day of the year because it has the fewest hours of sunshine. It is a day on which many Indian peoples still pray to the sun god to send them his warmth and light.

Among Christians, December 21 is also the feast day of St. Thomas, or Santo Tomás (SAHN-toh Toh-MAHS). St. Thomas was a faithful friend and close follower of Jesus. He is sometimes called "Doubting Thomas." He did not believe that Jesus had risen from the dead. Then he touched Jesus' wounds with his own hands. Only then did

7

La Fiesta del Sol

A menudo, en la América Latina, se rinde culto a los antiguos dioses indígenas y a los santos cristianos el mismo día. En Guatemala, en la América Central, ocurre esto el 21 de diciembre.

Para quienes viven en el hemisferio norte de nuestro planeta, el 21 de diciembre (y algunas veces el 22) es el primer día de invierno. También es el día más corto del año porque tiene menos horas de sol. Es un día en el cual muchos indios todavía le rezan al dios sol para pedirle que les mande su calor y su luz.

Entre los cristianos, el 21 de diciembre es también la fiesta de Santo Tomás. Santo Tomás fue un amigo fiel y discípulo de Jesús. No creía que Jesús había regresado de entre los muertos hasta que tocó las heridas de Jesús con sus propias manos. Sólo entonces Tomás dejó de dudar que Jesús había resucitado.

En los países de habla inglesa de las Américas,

Thomas stop doubting that Jesus had been reborn.

In the English-speaking countries of the Americas, December is a very busy holiday month. St. Thomas Day often gets passed over. But the Mayan Indians of Guatemala, who have become Christians, lavishly celebrate December 21. This is especially true in a mountain town with the very long name of Santo Tomás Chichicastenango (Chee-chee-kahs-tay-NAHN-go).

Santo Tomás is the patron saint of Chichicastenango. He is its guardian or protector. On his feast day there is a great religious procession. The image of St. Thomas is taken from the church and carried through the town. It is framed in an arch decorated with brilliantly colored feathers.

Many old Indian customs are blended with this Christian saint's day. Drums are beaten and sweet, piping flutes are played. Every now and then the procession stops and a loud rocket is fired into the air. After the procession, there are special Indian dances. They are performed by men in rich costumes and fanciful masks. Some dancers wear animal heads for the "Dance of the Deer" or the "Dance of the Little Bull."

There is feasting and drinking. On the steps of the Church of Santo Thomás, people burn incense. Inside the church, they light candles and scatter

diciembre es un mes de fiestas. El Día de Santo Tomás a menudo se ignora. Pero los indios mayas de Guatemala, que se han vuelto cristianos, celebran con grandes fiestas el 21 de diciembre, especialmente en un pueblecito montañoso que tiene el largo nombre de Santo Tomás Chichicastenango.

Santo Tomás es el santo patrón de Chichicastenango. Es el guardián o protector del pueblo. El día de Santo Tomás, hay una gran procesión. Se saca de la iglesia la imagen del santo, y se la pasea por el pueblo, enmarcada por un arco decorado con plumas de brillantes colores.

Muchas costumbres indias se mezclan con las festividades de este santo cristiano. Los tambores redoblan y se tocan dulces flautas. Cada cierto tiempo la procesión se detiene y se lanza un cohete al aire. Después de la procesión hay bailes indios especiales. Los bailarines están vestidos con ricos trajes y máscaras curiosas. Algunos bailarines usan cabezas de animales para el "Baile del Venado" y el "Baile del Torito".

Se come y se bebe. En la escalera de la Iglesia de Santo Tomás, se quema incienso. Dentro de la iglesia se encienden velas y se riegan pétalos de flores. La gente tiene gran devoción a su santo patrón. A cada niño y a cada hombre de Chichicas-

flower petals. The people are very devoted to their patron saint. Any man or boy who lives in Chichicastenango is known by the nickname of Mash (mahsh), from Tomás. Far and wide in Guatemala, the townspeople are called *masheños* (mahsh-AY-nyos).

The *masheños* have not forgotten the sun god. In ancient times, people feared that if the sun god were angry, the sun might vanish altogether. Then the days would grow shorter and shorter until there was only night. How would people grow their crops without sun? So they performed special ceremonies to keep the sun god happy. Sometimes they even offered him a human life as a sacrifice.

At the fiesta of Santo Tomás in Chichicastenango, the Indians still pay their respects to the sun god. They perform a daring act of bravery called the *palo volador* (PAH-lo vo-lah-DOR). This means "flying pole dance."

Three men climb a tall pole in the plaza in front of the church. One man seats himself on a little

tenango se le conoce con el apodo de "Mash", que viene del nombre de Tomás. En toda Guatemala, a las gentes de este pueblo se los llama "masheños".

Los masheños no han olvidado al dios del sol. En los tiempos antiguos la gente temía que si el dios sol se enojaba, el sol podría desaparecer del todo. De pasar esto, los días se volverían más y más cortos, hasta que sólo hubiera noche. ¿Cómo podrían cosechar sin sol? Por eso la gente celebraba ceremonias especiales para mantener feliz al dios sol. Algunas veces, hasta le ofrecían alguna vida humana como sacrificio.

Durante la fiesta de Santo Tomás en Chichicastenango, los indios todavía le ofrecen su respeto al dios sol. Realizan un acto de valentía: el baile del palo volador.

Tres hombres trepan a un alto poste en la plaza, frente a la iglesia. Un hombre se sienta en lo alto,

perch at the top. There he will play a small drum and a flute. The other two men are the "flyers."

Each flyer wraps a rope many times around his waist. The other end of the rope is attached to the top of the pole. When the two let go, they begin to "fly" in wide circles around the pole. As the ropes unwind from their bodies, the men gradually fly lower and lower. Finally, they touch the ground.

The flying pole dance is very dangerous. Sometimes one of the flyers falls too rapidly to the ground and is hurt or even killed. When the custom began, everyone hoped that the sun god would be pleased by these risks.

If the god were happy, then the days would begin to grow longer after December 21. Each day there would be more minutes of sunlight. At last, the longest day of the year would arrive, on June 21 or 22.

In Mexico, the flying pole dance is not performed on St. Thomas Day. It is performed on a different Christian holiday, called Corpus Christi Day. This feast day usually takes place in June, quite close to the longest day of the year. Perhaps the Indians are thanking the sun god for the long hours of midsummer sunshine.

The Mexican ceremony is a little different in other ways, too. It is held in front of an ancient

en una pequeña plataforma. Allí tocará un tamborcito y una flauta. Los otros dos hombres son los "voladores".

Cada volador se enrolla a la cintura una soga que está sujeta a lo alto del poste. Luego, los dos se sueltan y empiezan a "volar" en grandes círculos alrededor del poste. A medida que las sogas se desenrollan, los hombres van volando más y más bajo. Finalmente llegan al suelo.

El baile del palo volador es muy peligroso. Algunas veces uno de los voladores cae demasiado rápidamente y se lastima o inclusive se mata. Cuando esta tradición empezó, todos esperaban que el dios sol se sintiera contento al ver los riesgos que corrían los hombres.

Si el dios se sentía contento, entonces los días empezarían a volverse más largos después del 21 de diciembre. Cada día habría más minutos de luz. Por fin llegaría el día más largo del año, el 21 o 22 de junio.

En México el baile del palo volador no se celebra el Día de Santo Tomás. Se celebra en otro día de fiesta religiosa, el Día del Corpus. Esta fiesta generalmente tiene lugar en junio, muy cerca del día más largo del año. Quizá los indios están agradeciéndole al dios del sol las largas horas de luz de los días del verano.

La ceremonia mexicana es un poco diferente en

pyramid at the town of Papantla. The pole is very tall, nearly 100 feet, and there are four flyers instead of two.

Still another Indian people who once worshipped the sun god are the Incas of Peru. In their language, this god's name is Inti. *Inti Raymi,* or

otros detalles también. Se lleva a cabo frente a una antigua pirámide en el pueblo de Papantla. El poste es muy alto, de cerca de 100 pies, y hay cuatro voladores en lugar de dos.

Otro pueblo indígena que adoraba al dios sol es el de los incas del Perú. En su idioma, el nombre

The Festival of the Sun, is celebrated on the same day as yet another Christian feast. It takes place on St. John the Baptist Day, June 24.

Peru is in the southern half of the world. There, the seasons are just the opposite of those in the northern half. So June, in Peru, is the beginning of *winter.* And St. John the Baptist Day is very close to Peru's *shortest* day of the year, or June 21.

At *Inti Raymi,* the Incas follow the old custom of thanking the sun god for the newly harvested corn crop. Costumed dancers perform chants and prayers. Make-believe sacrifices of a young girl and a llama are made to the god Inti. On the highest peaks of the mountains, bonfires are lit. The fires express the people's hope for the rebirth of the sun.

In the Spanish-speaking countries of Guatemala, Mexico, and Peru, Indian peoples have borrowed features of two faiths. Often they have combined them into one richly colorful festival.

del sol es Inti. El Inti Raymi, o la Festividad del Sol, se celebra el mismo día que otra festividad cristiana. Tiene lugar el Día de San Juan Bautista, el 24 de junio.

El Perú está en el hemisferio sur. Allí las estaciones son opuestas a las del hemisferio norte. En el Perú, junio es el principio del *invierno*. Y el Día de San Juan Bautista es muy cercano al día *más corto* del año en el Perú, o sea, el 21 de junio.

En Inti Raymi, los descendientes de los incas siguen la antigua costumbre de dar gracias al dios sol por la cosecha de maíz recién recogida. Los bailarines, vestidos con trajes típicos, realizan oraciones y cantos. Se simulan sacrificios de una muchacha y de una llama al dios Inti. En los picos más altos de las montañas, se encienden fogatas. Los fuegos expresan las esperanzas de las gentes de que el sol vuelva a renacer.

En Guatemala, México y el Perú, países hispanohablantes, los indios han conservado rasgos de dos religiones. A menudo las combinan para producir una fiesta de rico colorido.

🌷 8 🌷

Christmas

Each year Christmas seems to start a little earlier than the year before. Imagine picking out Christmas cards in August. Or starting your Christmas shopping in September! Yet some people do. It is hard to wait for December 25 to celebrate this joyous holiday.

In most of the Spanish-speaking countries of the Americas, the festival of Christmas begins in mid-December. Starting on December 16, groups of children take part each evening in the *posada* (po-SAH-da). They go from house to house, reenacting the wanderings of Mary and Joseph. They pretend to search for a resting place where the Christ Child will be born. The word *posada* actually means "inn" or "place of lodging."

For nine nights, the children set out on their procession. They carry lanterns and a small platform bearing miniature figures of Mary and Jo-

8

La Navidad

Cada año parecería que la Navidad comienza un poco antes que el año anterior. ¡Imagínate lo que sería escoger tarjetas de Navidad en agosto! ¡O comenzar las compras de Navidad en septiembre! Sin embargo, algunas personas lo hacen. Es difícil esperar hasta el 25 de diciembre para celebrar esta alegre fiesta.

En la mayor parte de los países hispanohablantes de las Américas, la celebración de la Navidad comienza a mediados de diciembre. A partir del 16 de diciembre, grupos de niños toman parte cada noche en las posadas. Van de casa en casa reconstruyendo el peregrinaje de María y José. Pretenden estar buscando un lugar de descanso para que nazca el Niño Jesús.

Durante nueve noches, los niños salen en procesión. Llevan linternas y andas pequeñas con las imágenes de María y de José. María generalmente

seph. The figure of Mary is usually seated on a donkey. Joseph walks beside her carrying a tall staff.

The children knock on the doors of friends and neighbors. They sing a song or recite a poem begging to be let in. At last the door is opened to the "tired wanderers." Everyone enjoys a happy *posada* party. Cookies, fruit punch, and other refreshments are served.

In Mexico, no *posada* party is complete without a *piñata* (pee-NYA-ta). A *piñata* is a clay pot or a bamboo frame covered with frilly, colored crepe paper. *Piñatas* come in all shapes and sizes. A *piñata* may look like a woolly lamb, a beautiful starburst with fringes and streamers, or even a fat, jolly Santa Claus. The center is filled with candies, nuts, fruits, and sometimes little toys.

es representada montada en un burro. José camina
a su lado, con un cayado.

Los niños tocan las puertas de amigos y vecinos.
Cantan villancicos o recitan poemas pidiendo que
los dejen entrar. Por fin les abren la puerta a los
"cansados peregrinos". Todos disfrutan de una
feliz fiesta de posada. Se sirven galleticas, refrescos
y otras golosinas.

En México, ninguna fiesta de posada está com-
pleta sin una piñata. Las piñatas son ollas de barro
o armazones de bambú cubiertas con papel crepé
de colores. Hay piñatas de todas las formas y de
todos los tamaños. Hay piñatas que parecen ove-
jitas lanudas, hermosas estrellas con franjas y cintas
de papel, y hasta un gordo y jocoso Santa Claus o
Papá Noel. El interior de la piñata está lleno de
dulces, nueces, frutas y a veces de juguetitos.

The *piñata* is strung up overhead in the patio, or courtyard, of the house, or in the garden. It can be hung from a rafter or tree limb and raised or lowered by a rope. The children take turns being blindfolded. They poke at the *piñata* with a long stick. When someone breaks it, the goodies inside tumble to the ground for all to share!

Piñatas are popular throughout Spanish-speaking America, especially at birthday parties. There are many songs and poems about the *piñata*. In one of them, the children sing:

Yo no quiero oro, ni quiero plata.
  (Yo no kee-AIR-o O-ro, nee kee-AIR-o PLAH-ta.)
¡Yo lo que quiero es quebrar la piñata!
  (Yo lo kay kee-AIR-o es kay-BRAR la pee-NYA-ta!)

Gold and silver do not matter.
All I want is to break the *piñata!*

The last night of the *posadas* is December 24, or Christmas Eve. By now most Latin American families have set up a manger in their homes. Perhaps

La piñata se cuelga en el patio o en el jardín de la casa. Puede colgarse de una viga o de la rama de un árbol, y se la sube y baja a voluntad con una soga. A los niños se les tapan los ojos, por turnos. Tratan de romper la piñata con un palo. Cuando alguien logra romperla, las golosinas caen al suelo para que todos las recojan.

Las piñatas son populares en toda Hispanoamérica, especialmente en los cumpleaños. Hay muchas canciones y poemas sobre piñatas. En uno de ellos, los niños cantan:

> Yo no quiero oro, ni quiero plata.
> ¡Yo lo que quiero es quebrar la piñata!

La última noche de las posadas es el 24 de diciembre, o Nochebuena. Para esta fecha la mayor parte de las familias latinoamericanas han armado

they have a Christmas tree too. But the Christmas tree and Santa Claus are not Spanish traditions. They have come from the English-speaking countries of the Americas.

The family's Christmas manger is usually made of straw to resemble the stable where Christ was born. It is filled with small figures of Mary and Joseph, groups of shepherds, and farm animals. The figures may be made of painted wood or clay, or of colored cloth stuffed with sawdust. On Christmas morning, the tiny figure of the newborn infant Jesus is laid in its cradle. Then the nativity, or birth scene, is complete.

In the United States and Canada, most people have a big family dinner on the afternoon of Christmas Day. But, once again, Latin American families celebrate earlier with a meal on Christmas Eve, or *Nochebuena* (NO-chay-BWAY-na).

If the meal is eaten before midnight, it often does not contain any meat. In Mexico, there will be tamales—little bundles of tasty corn meal wrapped in corn husks—sweet fried cakes, and a chocolate drink. In Central America, tortillas, or corn pancakes, spread with spicy mashed avocado are served. For dessert, there are fried cooking bananas, flavored with burnt sugar and topped with cream.

On *Nochebuena,* many families go to church for

un nacimiento en su casa. Quizá también tienen un arbolito de Navidad. El árbol de Navidad y Santa Claus o Papá Noel no son tradiciones hispánicas. Han llegado desde los países de habla inglesa de las Américas.

El pesebre del nacimiento generalmente trata de imitar el establo donde nació Jesús. En él hay figuras de María y de José, de pastores y de los animales del establo. Las figuras pueden estar hechas de madera pintada o de barro, o de tela rellena de aserrín. En la mañana de Navidad, se coloca en el pesebre la figurita del Niño Jesús recién nacido. Entonces, el nacimiento queda completo.

En los Estados Unidos y en el Canadá, la mayor parte de las familias hacen una gran comida el Día de Navidad por la tarde. En Latinoamérica la celebración se hace antes, con la cena de Nochebuena.

Si la cena tiene lugar antes de medianoche, muchas veces no contiene carne. En México en esta cena se sirven tamales hechos de harina de maíz, tortas dulces y fritas, y chocolate caliente. En la América Central se sirven tortillas de maíz con guacamole. De postre hay plátanos fritos con azúcar quemada y crema.

En Nochebuena, muchas familias van a la misa

a midnight mass. This religious service is known as the *Misa del Gallo* (MEE-sah del GAH-yo), or "Mass of the Rooster." It is named after the rooster that announced the birth of Christ early on Christmas morning.

After mass, people return home to eat a festive meal. Mexicans usually have roast chicken or turkey with *mole* (MO-lay). *Mole* is a deliciously peppery sauce that actually has bitter chocolate grated into it!

In Puerto Rico, the Christmas dinner is also eaten in the wee hours of Christmas morning. It begins with *pasteles* (pahs-TEL-es). These are little "pies" wrapped in banana leaves. The flavorful *pasteles* are stuffed with a mixure of mashed cooking bananas, bits of pork, raisins, olives, and tomatoes. The main part of the meal is a crisp, juicy suckling pig.

If the big Christmas dinner is eaten the night before, what is there left to do on Christmas Day? Many people follow the custom of visiting friends and relatives and exchanging Christmas presents, just as in the United States and Canada. In most parts of Latin America, the weather is warm, so people can spend the entire day outdoors. There are village fiestas. Sometimes there is a noisy continuation of the fireworks that began on Christmas

de medianoche o Misa del Gallo. Se le ha dado ese nombre en memoria del gallo que anunció el nacimiento de Cristo temprano en la mañana de Navidad.

Después de la misa, la gente regresa a sus casas para la cena. Los mexicanos casi siempre sirven pollo asado, o también pavo o guajolote con mole. El mole es una salsa picante y deliciosa, que contiene chocolate rallado.

En Puerto Rico, la cena de Navidad también se come en horas de la madrugada de Navidad. Comienza con pasteles envueltos en hojas de plátano. Estos deliciosos pasteles están hechos de puré de plátano con trozos de puerco, pasas, aceitunas y tomates. El plato principal de la cena es un lechón asado, crujiente y jugoso.

Si la cena de Navidad se come la noche antes, ¿qué queda por hacer el Día de Navidad? Muchas personas tienen la costumbre de visitar a sus amigos y parientes y de intercambiar regalos, como en los Estados Unidos y en el Canadá. En la mayor parte de la América Latina, el clima es templado, y por lo tanto, la gente puede pasarse el día afuera. En los pueblos hay fiestas. Algunas veces hay una continuación de los fuegos artificiales que comenzaron la noche anterior. En el Perú, en la América del Sur, diciembre es el comienzo del verano en

Eve. In Peru, in South America, December is the beginning of summer instead of the beginning of winter. So there is always a big bullfight on Christmas Day.

North or south in the Americas, although the customs may differ, everyone feels the same about the holiday of Christmas. Everywhere people exchange joyful greetings.

"*¡Feliz Navidad!*" (Fay-LEES Nah-vee-DAHD) they call out to one another. In other words, "Merry Christmas!"

lugar de ser el comienzo del invierno. Así que en el Perú siempre hay una gran corrida de toros el Día de Navidad.

En la América del norte y en la del sur, aunque las costumbres sean distintas, todo el mundo siente lo mismo acerca de la Navidad. Por todas partes hay personas que se desean felicidades.

"*Merry Christmas!*" se dicen unos a otros en inglés, mientras otros se dicen: "¡Feliz Navidad!"

Index

Indice

About the Author

Lila Perl is extremely interested in Hispanic culture and has written books about Mexico, Puerto Rico, and Guatemala. She is also well-known for her novels including *Hey, Remember Fat Glenda?* and for her nonfiction books about food. One of them, *Junk Food, Fast Food, Health Food* was a 1981 *Boston Globe-Horn Book* Honor Book.

About the Artist

Victoria de Larrea, who was born in New York City, lived for a time in Mexico. She is very fond of Hispanic art. Now Ms. de Larrea lives in Manhattan, where she does ceramic sculpture as well as illustration.

About the Translator

Alma Flor Ada teaches bilingual/multicultural education at the University of San Francisco. She has translated a number of children's books into Spanish. Dr. Ada, who was born in Cuba, has lived and studied in Spain and Peru.